Sistema de Informação para Gestão: uma abordagem prática

ANDRILENE FERREIRA MACIEL

1ª Edição

Sistema de Informação para Gestão: uma abordagem prática

Um texto básico

ANDRILENE FERREIRA MACIEL

1ª Edição

Recife,2024

Dados Internacionais de Catalogação na Publicação (CIP)
(Câmara Brasileira do Livro, SP, Brasil)

Maciel, Andrilene Ferreira
Sistema de informação para gestão : uma abordagem prática / Andrilene Ferreira Maciel. -- 1. ed. -- Recife, PE : Ed. da Autora, 2024.
Bibliografia.
ISBN 978-65-00-95926-0
1. Gestão do conhecimento 2. Modelagem 3. Sistema de informação 4. Sistemas de informação - Administração 5. Tecnologia da informação e comunicação I. Título.

24-196274 CDD-658.4038011

Índices para catálogo sistemático:

1. Informação : Sistemas : Abordagem gerencial : Administração executiva 658.4038011

Aline Graziele Benitez - Bibliotecária - CRB-1/3129

Sistema de Informação para Gestão: uma abordagem prática.
MACIEL, Andrilene Ferreira
ISBN 978-65-00-95926-0
1ª Edição,
Março de 2024.

Sobre Autora

Andrilene Ferreira Maciel

Doutora em Ciência da Computação pela Universidade Federal de Pernambuco (UFPE), possui mestrado em Modelagem Computacional pela Universidade Federal de Alagoas (UFAL), Especialista em Engenharia de Produção com ênfase em Gestão da Informação e Sistemas de Informação pela Universidade Federal de Pernambuco e graduação em Processamento de Dados.

Atua como professora Doutora na Universidade Federal Rural de Pernambuco (UFRPE), lotada no Colégio Agrícola Dom Agostinho IKAS/CODAI, coautora do livro Possibilidades: prática pedagógica no ensino superior, pela editora Baraúna, coautora do livro Administração da Produção: da Revolução Industrial à Indústria 4.0 e autora do artigo A Gestão do Conhecimento e os Profissionais da Tecnologia da Informação, publicado pela revista Alicerce.

É membro dos editoriais das revistas Springer Nature (Europa e América Latina) e Probe (Singapura na Ásia), ambas na área de computação. É autora de artigos nacionais e internacionais.

Índice

Agradecimentos

Agradeço a Deus, a minha mãe, ao meu filho e a todos que ao longo do tempo da minha carreira estimularam nas atividades de pesquisas.

Prefácio

Desde 1990, a maioria das empresas tem se demonstrado a projetar sistemas de informações como a resolução de todos os problemas existentes no ambiente de trabalho. O alto investimento em tecnologia da informação (TI) e dos sistemas de informação (SI), permite que a maioria dos gestores utilize pacotes de aplicativos para administrar o negócio e, com o passar dos anos, percebem que esses *softwares* aplicativos não são suficientes para controlar o fluxo de informações existentes na empresa. No decorrer da vida da empresa, os sistemas de informação desenvolvidos, muitas vezes, não possuem envolvimento com a área especializada, ou com pessoas que de fato entendam o processo de negócio e suas atividades.

Ao modelar sistemas de informações sem a participação da empresa como um todo, permite que esses sistemas, após seu desenvolvimento, se tornem sistemas de informações, os quais não conseguem atender de forma adequada o gestor e demais funcionários da empresa. Por esse motivo, a maioria das empresas, após uma implantação de sistemas de informação, entende que o SI não se torna suficiente para atender todas as necessidades de negócio, retornando a usar *softwares* aplicativos como uma alternativa à gestão de negócios.

O alto custo para desenvolvimento de sistemas de informação e a implantação de tecnologias da informação capazes de suportar esses SI's, poderão levar uma empresa ao sucesso ou fracasso, dependendo da forma como essas tecnologias foram implantadas. O planejamento estratégico participativo da empresa, como os profissionais de TI e SI, permite que a implantação dessas tecnologias seja eficiente, eficaz e atendam de forma correta o ambiente de negócio.

Este livro tem como objetivo estruturar uma modelagem de sistemas de informação e descrever de forma detalhada as principais diretrizes de modelagem de SI, para que os gestores da informação possam conduzir a equipe de TI e SI, modelarem e desenvolverem sistemas de informação de forma eficiente e que atenda de forma adequada seus clientes.

CAPÍTULO 1
A INFORMÁTICA NA ERA DA INFORMAÇÃO

1. INTRODUÇÃO

Em 1990, iniciou-se a revolução tecnológica da informática a partir do surgimento de sistemas operacionais[1] gráficos. A empresa Microsoft desenvolveu o sistema operacional *Windows*, que podia ser usado em qualquer tipo de computador. O armazenamento de informações se tornou algo prioritário para a maioria das empresas, a chegada dos computadores *desktop*[2] se tornou o marco teórico da revolução tecnológica na era da informação.

A competitividade de mercado, a proposta de aumento nos lucros de forma imediata, era um fator atrativo, fez com que muitas empresas investissem em computadores *desktop*. Porém, esses equipamentos não eram considerados um produto de baixo custo, mesmo assim, muitas empresas se adaptaram para o uso dessas novas tecnologias. A valorização do uso de

---

1 Sistema Operacional : pode ser visto como o administrador geral do computador, incluindo *hardware, software* e respectivos dispositivos (REZENDE,2003).

2 Computadores *Desktop* : equipamento eletroeletrônico formado pelo teclado, mouse, monitor de vídeo e cpu.

computadores, como a melhor e única ferramenta necessária para resolver a maioria dos problemas organizacionais, ainda se tornava um grande desafio para empresas públicas e privadas.

Os computadores *desktops* passavam a ser prioridade no mercado de negócios, porque a maioria das empresas desejava se tornar mais competitivas, lucrativas, começaram a investir na compra de equipamentos de informática, com o objetivo de reduzir o capital humano.

O primeiro mito imposto pelas empresas fabricantes de *softwares*[3], era o seguinte: quando uma empresa fosse 100% (cem por cento) "informatizada", ela não precisaria mais de pessoas, porque os computadores resolveriam qualquer tipo de problemas.

Muitas dessas empresas entusiasmadas pela redução dos custos com a mão de obra, começaram a investir em equipamentos de informática com o objetivo de se tornarem competitivas e lucrativas, por outro lado, a maioria dos trabalhadores temiam pela perda dos seus

---

3 *Software:* aplicativo ou programas de computador formados por um conjunto de comandos, instruções ou ordens elaboradas pelo cliente e/ou usuário para o computador cumprir, visando resolver problemas e desenvolver atividades ou tarefas específicas (REZENDE,2003).

empregos, por acreditavam que seriam substituídos por máquinas.

O segundo mito imposto pela revolução da informática tinha objetivo de reduzir os custos com a produção de papel. Teoricamente, com o surgimento dos arquivos digitais, não haveria a necessidade de armazenar documentos por meio físico e, com isso, obrigatoriamente, a redução dos custos diretos e indiretos para sua produção.

1.2. O PROCESSO DE INFORMATIZAÇÃO NAS EMPRESAS

Entre os anos de 1990 a 2000, o termo informatização se popularizou entre aquelas empresas que investiram em equipamentos de informática (computadores, servidores, redes de computadores etc.). O processo de informatização se tornava o resultado da instalação de novos computadores e o conhecimento se tornou algo secundário.

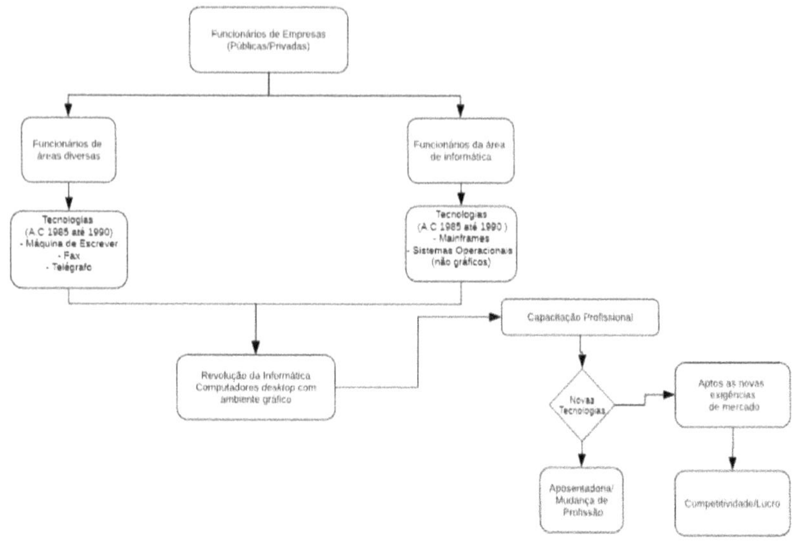

Figura 1. Modelo de "Informatização na década de 1990". Fonte: autor.

O modelo de informatização exposto na década de 1990 (figura 1) apresenta a evolução profissional e tecnológica das empresas públicas e privadas, divididos por tipos de funcionários, os quais podem ser classificados, tais como: funcionários pertencentes às diversas áreas de conhecimento e que formam os departamentos/setores de uma empresa e aqueles que fazem parte da área de informática.

O processo de mudança não estava apenas relacionado à "informatização" da empresa, os impactos dessa revolução estão diretamente ligados à adequação de novas formas de trabalho, e com isso, muitos funcionários deveriam abrir mão do conhecimento antigo, para permitir a abertura ao novo conhecimento usando o computador.

A capacitação profissional se tornou imediata e prioritária, muitos empresários refletiam sobre o tema, destacam-se:

1. Como capacitar funcionários? Se existe escassez de profissionais no mercado com o surgimento dessas novas tecnologias.
2. Como reduzir os custos com capacitação e treinamento?
3. Como fazer com que os funcionários se adaptem a novas tecnologias?

Além dos problemas com a capacitação, treinamento e adaptação de novas tecnologias, muitos funcionários se recusavam a mudar a sua forma de trabalharem, por estarem acostumados a trabalharem com tecnologias obsoletas. Adaptar-se a novas tecnologias não é uma tarefa fácil e simples, por melhor que seja o sistema de *software* desenvolvido.

Esses problemas estruturais e organizacionais, não estavam apenas direcionados a funcionários das áreas diversas, incluíam nessa estatística os profissionais de informática.

O apego extremo ao conhecimento antigo, o repúdio em se adaptar as novas normas e diretrizes organizacionais fez com que muitos funcionários incluindo aqueles que também trabalhavam com tecnologias, não tivessem interessem em se capacitar, por acreditarem que o trabalho realizado na forma antiga ainda era mais eficaz.

Nesse processo de aceitabilidade, incluem-se os profissionais de informática, que também se recusavam a usar novas tecnologias, por estarem acostumados a trabalhar com *Mainframes*[4]. Antes da revolução da informática, as atividades desses profissionais eram bem definidas, existiam um funcionário específico para

4 *Mainframes*: Os mainframes são os computadores de grande porte com poder de processar bilhões de instruções por segundo e têm acesso a trilhões de caracteres de dados. Os principais clientes são: bancos, empresas de aviação, fábricas em geral, órgãos governamentais, enfim, empresas que manipulam uma grande quantidade de dados (PARENTE,2020).

trabalhar com o desenvolvimento de sistemas, outro para a administração do sistema operacional, e assim sucessivamente. Existia um funcionário na área de informática para fazer cada atividade. Com a chegada dos computadores *desktop*, o mesmo funcionário tinha que se envolver com mais de uma atividade. Os mesmos se recusavam a trabalhar com os computadores *desktops* com sistemas operacionais gráficos, por acreditarem que estavam realizando atividades de outros profissionais. Aqueles funcionários que não conseguiram se adaptar, muitos mudaram de profissão, acreditando que a nova revolução da informática não permaneceria no mercado por muito tempo, outros seguiram para a aposentadoria.

Aqueles profissionais de informática que continuaram no mercado, com o passar dos anos e com o surgimento de novas necessidades organizacionais, também seguiram o mesmo caminho dos antigos funcionários, entraram no processo de aposentadoria, esses se tornaram a lenda dos dinossauros da informática.

Ao mesmo tempo, as empresas públicas e privadas, acreditavam que, quanto mais investissem em equipamentos de informática e em computadores, estavam "informatizadas", teriam maior lucratividade, competitividade e não precisava contratar novos funcionários, consequentemente reduziria os custos.

Acreditando nessa filosofia, muitas empresas começaram a contratar funcionários que não necessariamente sabiam usar tecnicamente o computador, saber digitar já era algo importante, surgiam ao mesmo tempo as novas profissões da informática.

A profissão de digitador se tornou muito atrativa, pelo simples fato de trabalhar poucas horas e ganhar um salário acima da média de outras profissões. Quanto aos demais trabalhadores, esses entraram em desespero por não saberem manter seus empregos, considerando que na época, investir em cursos básicos de informática era considerado um artigo de luxo, porque os computadores se tornavam inacessíveis ao bolso do trabalhador comum, além de ser considerado um produto caro para o acesso de poucos.

A revolução da informática surgiu tão rápida, que muitas empresas não conseguiram se adaptar. Aqueles empresários que queriam se tornar competitivos e aumentar seus lucros conseguiram investir na tão sonhada informatização, mas perceberam que instalar equipamentos de informática e computadores não eram suficientes para tornar uma empresa competitiva e lucrativa.

Com o surgimento da revolução da informática, não se pensava em integração de sistemas[5], muitos *softwares* desenvolvidos não tinham o objetivo de integração com outras ferramentas de *softwares*, as redes de computadores também passavam por uma grande transformação tecnológica.

As tecnologias de redes de computadores, passavam por grandes mudanças, a internet era considerada um artigo de luxo e bastante onerosa para as empresas. Os custos eventuais com a informática começaram a se tornar custos fixos, porque era necessário investir em novos equipamentos de informática, *softwares* e demais contratos de

5 Quando os sistemas integram-se entre si, recebendo, processando e enviando dados (REZENDE,2003).

manutenção e o retorno desse investimento não era de forma imediata.

Figura 2. Custo de implantação de novas tecnologias. Fonte: autor.

Algumas dificuldades com a nova implantação dessas tecnologias começaram a surgir, muitos empresários começaram a perceber que para ter um sistema de computador funcionando era necessário investir não apenas em equipamentos de informática, existe uma cadeia de processos (figura 2), necessários para que a informação se torne eficaz, destacam-se:

1. **Equipamentos com informática**: compra e equipamentos de redes de computadores (servidores, hub, *switches* etc.), computadores, *notebooks*, teclado, mouse, monitores de vídeos, placas etc.
2. **Manutenção de equipamentos de informática**: manutenção quinzenal ou semanal dos equipamentos de informática, incluindo troca de peças de reposição de forma corretiva e preventiva.
3. **Infraestrutura tecnológica de cabeamento estruturado e demais instalações técnicas**: planejamento da infraestrutura tecnológica, elétrica para manutenção da rede de computadores;
4. **Contratação de funcionários de informática**: contratação contínua de novos profissionais de informática;
5. **Treinamento e capacitação de funcionários de informática**: custos com treinamentos nas ferramentas de *softwares* oficiais, para que os

funcionários de informática estejam aptos a utilizar as ferramentas baseadas em computador.

6. **Desenvolvimento e implantação de novos produtos de *software*:** desenvolvimento contínuo de novos produtos de *software*, no que se refere à contratação de empresas externas ou desenvolvidos pela equipe de informática da empresa.
7. **Licenças de *softwares***: custos contínuos e individuais com os pacotes e licenças de *softwares* de acordo com os fabricantes.
8. **Contrato de manutenção de *softwares*:** pagamento mensal do contrato de manutenção para *softwares* desenvolvidos por empresas externas.
9. **Atualização de *softwares***: atualização anual ou de acordo com as recomendações do fabricante, podendo ou não gerar custos diretos e indiretos.
10. **Atualização de tecnologias a cada dois anos:** depreciação dos equipamentos de informática e adaptação das novas necessidades de negócio

para os *softwares* desenvolvidos, que ocorrem em média a cada dois anos.

11. **Descarte da tecnologia obsoleta:** descarte dos equipamentos de informática que, por questões de depreciação, entraram em desuso.
12. **Capacitação e treinamento de pessoal de outros setores/departamentos**: custos diretos e indiretos para capacitar toda a empresa nas novas tecnologias, incluindo hospedagem em hotéis, transporte aéreo, terrestre ou rodoviário, seguro viagem, no caso de funcionários lotados em outras filiais. No caso de funcionários locais, é necessário a realocação das atividades para outros funcionários, para não paralisar os serviços ou atividades prestadas durante a capacitação e treinamento. Em casos raros, é necessário a contratação de mão de obra temporária.
13. **Tempo e custo de implantação:** planejamento e levantamento dos custos necessários para o plano de capacitação, desenvolvimento e implantação de novas tecnologias. Por exemplo: para desenvolver um produto de *software*,

dependendo do nível de complexidade, pode levar de 6 meses a 6 anos, tudo dependerá de quanto a empresa está disposta a investir na infraestrutura tecnológica.

Os fabricantes de *softwares* e as empresas de informática conseguiram impor a ideia de "informatização". Muitos gestores não possuíam flexibilização de ideias para que o uso contínuo dessas novas tecnologias. Era possível armazenar planilhas, textos, fórmulas em arquivos pré-destinados a este funcionamento, mas para desenvolver uma boa planilha eletrônica era necessário ter conhecimento técnico desses funcionários. Isso era algo que não podia ser informatizado porque as pessoas detém o seu conhecimento, muitas delas, com medo de perder seus empregos, tinham receio de ensinar o que aprenderam durante anos de trabalho.

Quando a maioria dos empresários começou a entender que não é fácil compartilhar conhecimento tácito daqueles funcionários que retêm conhecimento, o planejamento da informação passou a ter sentido e o velho entendimento de "informatizar" se tornava algo obsoleto. A tão esperada informatização não aconteceu, porque a maioria das empresas não precisava mais de máquinas, precisava de profissionais qualificados, ou seja, do capital humano.

Algumas empresas que não quiseram acreditar nessa filosofia, direcionaram seus esforços para um caminho mais fácil, tomaram a decisão de demitir os funcionários antigos e contratar novos com salários menores. Considerando que, aqueles funcionários antigos, os quais foram demitidos, levavam consigo o conhecimento, muitas dessas empresas entraram em declive, se tornaram pouco atrativas e competitivas.

1.3. A CRIAÇÃO E INTEGRAÇÃO DE CONHECIMENTO NA EMPRESA

Segundo Nonaka (1997), o conhecimento é um processo humano e dinâmico de justificar a crença pessoal em relação a verdade, significa sabedoria adquirida a partir da personalidade como um todo e se torna um fator de grande importância para as organizações por ser considerado o principal caminho para o sucesso entre aquelas empresas (públicas ou privadas) que visam competitividade no mercado (NONAKA,1997). O conhecimento se tornou o ativo mais importante e indispensável, por ser considerado a principal matéria-prima com a qual todos trabalham, sendo assim, mais valioso e poderoso que qualquer outro ativo físico e financeiro (STEWART,1997).

Durante o processo de desenvolvimento e implantação de novas tecnologias, a grande dificuldade da maioria das empresas está relacionada à internalização do conhecimento tático.

O conhecimento tácito não é diferente apropriável porque pode apenas ser imperfeitamente transferido – é mais comumente adquirido por meio da prática, o que faz sua transferência lenta, custosa e incerta – e, devido a isso, pode ser apropriado apenas mediante sua aplicação na atividade produtiva. Por outro lado, o conhecimento explícito sofre do problema de que alguém que o adquire pode "revendê-lo" sem "perdê-lo" e também do problema de que o ato de comercializá-lo torna-o, mais acessível a concorrentes potenciais (GRANT,1996).

Segundo Day(1997), a ideia de competências está enraizada nas práticas e rotinas organizacionais e, devido a isso, não podem ser negociadas ou imitadas facilmente. As competências têm sua visibilidade obscurecida porque muito do conhecimento que as compõe é tácito e disperso ao longo de quatro dimensões (DAY,1997).

1. Conhecimentos e habilidades acumuladas dos funcionários;
2. Conhecimento embutido nos sistemas técnicos, incluindo *software*, banco de dados[6] relacionados e procedimentos formais;
3. Sistemas gerenciais que existem para criar e controlar o conhecimento;
4. Valores e normas que ditam que informações devem ser coletadas, que tipos são mais importantes e como devem ser utilizados.

---

6 É uma ferramenta que possibilita armazenar, organizar, classificar, recuperar e manipular dados, possibilitando uma grande diversidade de aplicações (REZENDE,2003).

O modelo de conversão de conhecimento de Nonaka(1997), pressupõe quatro formas de conversão de conhecimento, como pode ser visto a seguir:

De \ Para	Conhecimento tácito	Conhecimento explícito
Conhecimento tácito	Socialização	Externalização
Conhecimento explícito	Combinação	Internalização

Figura 3. Modelo de Conversão do Conhecimento. Fonte: NONAKA, I.;TAKEUCHI(1997).

O modelo de conversão do conhecimento exposto na figura 3, os autores Nonaka (1997) e Takeuchi (1997) entendem por socialização que a conversão do conhecimento surge da interação do conhecimento tácito entre indivíduos, principalmente por meio da observação, da imitação prática, e a chave para adquirir conhecimento dessa forma é a experiência compartilhada. A combinação é uma forma de conversão do conhecimento que envolve diferentes conjuntos de conhecimento explícito controlado por indivíduos e o mecanismo de troca pode ser reuniões, conversas por telefone e sistemas de computadores, e torna possível a reconfiguração da informação existente, levando o novo conhecimento. A internalização é a conversão de conhecimento explícito em conhecimento tácito, no qual os autores identificam alguma similaridade com a noção de "aprendizagem", e externalização é a conversão de conhecimento tácito em conhecimento explícito (NONAKA,1997).

1.4. A FRUSTRAÇÃO EMPRESARIAL

A frustração empresarial começou a ser percebida quando o mercado não conseguiu absorver as mudanças avassaladoras que a informática trazia, como especificar para uma empresa, que a informatização está muito além de instalar equipamentos de informática, capacitar ou treinar funcionários, se até os dias atuais muitos gestores não conseguem entender a estruturação contínua inclusiva dessa tecnologia.

Desde 1990 até os dias atuais, muitos gestores acreditam fielmente nos mitos existentes (figura 5), que a revolução da informática trazia. Muitos empresários, gestores de empresa pública e privada, não conseguem entender que o conhecimento tácito é algo particular, para ser socializado, externalizado, internalizado e compartilhado é necessário planejamento contínuo, para melhor entendimento organizacional, que as pessoas não podem ser substituídas por máquinas.

Os principais mitos da revolução da informática podem ser vistos a seguir:

- **INFORMATIZAR É** :

1. **Redução da mão de obra**: demitir funcionários que possuem altos salários e contratar novos com salários menores pode

não ser a melhor solução. Durante esse processo existe algo chamado de aprendizagem. Quando um produto de *software* é desenvolvido por uma empresa, recebe uma estruturação específica, muitos segredos (conhecimento tácito) sobre o desenvolvimento, implantação são itens particulares de cada empresa desenvolvedora. Torna-se muito difícil para uma empresa aceitar que um membro externo possa trabalhar internamente na infraestrutura de um *software* patenteado. Contratar novos funcionários com salários menores, seja na área de tecnologia quanto nas demais áreas de conhecimento, não se torna uma solução eficaz. Em ambos os casos, todos deverão passar por um processo de aprendizagem e isso pode durar meses ou anos, dependendo da complexidade do sistema desenvolvido.

2. **Redução de papel**: essa é a grande esperança da maioria das empresas nos dias atuais, acreditam fielmente que a implantação

de novos sistemas de informações[7], ou produtos de *softwares,* podem excluir de forma definitiva a demanda de papéis produzidos pelas organizações. Este processo é esperado desde de 1990, algo que nos dias atuais não aconteceu. Cada documento produzido dentro de uma empresa, possui uma legislação específica, para cada situação existe uma forma de armazenamento, durabilidade e descarte, alguns devem ser armazenados fisicamente de forma vitalícia, tudo isso depende das atividades fins da empresa. Com o surgimento da informatização, houve uma redução no uso de papel, mas devido à complexidade sobre o tema, as empresas precisarão de muitos anos de estudo para poder zerar a demanda de uso de papel a nível organizacional.

---

7 Conjunto de componentes (*hardware*, *software* e periféricos), dispostos a processar dados e transformá-los em informações úteis com o objetivo de auxiliar no processo de tomada de decisões.

3. **Computadores trabalham sozinhos**: a cada produto de *software* desenvolvido existe uma demanda tecnológica a ser adotada. Quanto mais recursos tecnológicos o *software* precisa, tais como: voz, vídeo, *hardware*[8], imagens, biometria, inteligência artificial, banco de dados multidimensionais entre outros, maior é o custo para seu desenvolvimento. Quanto maior a complexidade e independência for o produto de *software*, mais oneroso será para a empresa contratante. No caso da autonomia absoluta de um produto de *software*, sem ajuda de pessoas, maior será o recurso financeiro que essa empresa deverá disponibilizar em pesquisas para o seu desenvolvimento e mesmo assim será necessário ter mão de obra especializada para trabalhar tanto na manutenção desses sistemas, quanto na capacitação e

8 É representado pela parte física do computador pode ser composto de processador, memória, placa de rede, monitor de vídeo, disco rígido e toda e qualquer parte de equipamento necessário para o funcionamento do computador.

desenvolvimento de novas atividades de negócio (figura 4).

4. **Competitividade Imediata**: uma empresa só se torna competitiva, quando seus processos são melhorados e quando as pessoas se integram na busca de novos conhecimentos de forma unificada.
5. **Lucratividade Imediata**: a lucratividade imediata é uma consequência desse processo, por exemplo: em um supermercado onde as pessoas precisam de pouco tempo para ser atendida é necessário maior investimento com tecnologia, mesmo assim, se torna muito difícil investir em novas tecnologias sem ter custos. A lucratividade imediata só pode ser alcançada quando os empresários investirem em novas tecnologias que possam reduzir a permanência dessas pessoas nas dependências da empresa, no caso do supermercado.

Nos dias atuais, é tão clara essa ideia que, os clientes desses supermercados não estão mais disponíveis a permanecerem horas fazendo suas compras, principalmente quando estão concluindo as mesmas pagando nos caixas. Por exemplo, se existe um supermercado que, em um tempo máximo de espera do cliente, é de 1 hora estimada. A competitividade, permite que o cliente deixe de comprar em outro supermercado porque permanecerá mais tempo de espera, para continuar comprando nesta empresa, pelo simples fato de não precisar esperar muito, para ter em mãos seus produtos usando a tecnologia, embora os produtos não possam ser considerados baratos. Os pequenos empresários que ainda resistem a não investir em tecnologia, estão sendo engolidos pela revolução tecnológica e continuam perdendo seus clientes.

6. **Informação produzida por computadores:** a informação produzida pelos sistemas computacionais deve mostrar leveza, simplicidade, inteligência e principalmente

apoiar o processo decisório. Analisar a qualidade da informação é a principal etapa dessa revolução, para isso, torna-se necessário fazer um bom planejamento durante o desenvolvimento de qualquer produto de *software*. Investir no produto de *software* não é como comprar uma cadeira em uma loja, se for mal investido, a empresa poderá fracassar, com isso adquirir grandes prejuízos. O planejamento e a participação de toda a empresa nessa fase são fundamentais para a construção de um produto de *software* eficaz que produz informações de qualidade e torna o processo de tomada de decisão eficiente.

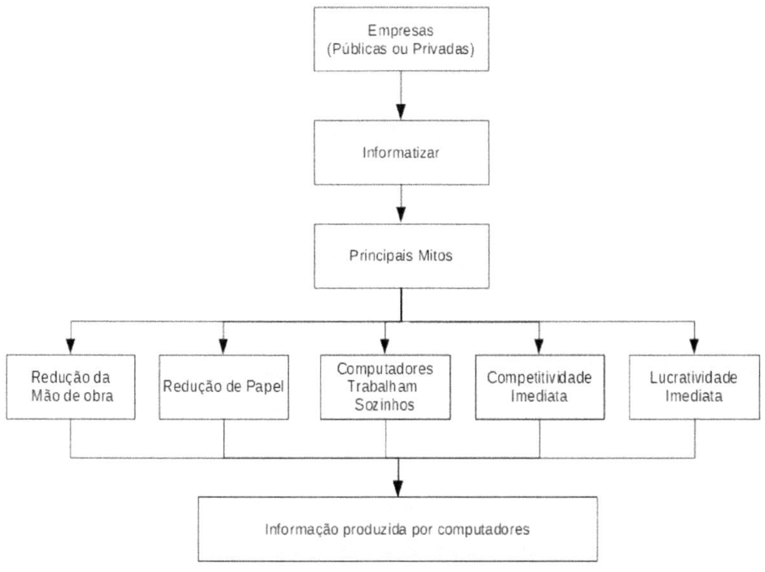

Figura 4. Principais mitos da revolução tecnológica. Fonte: autor.

Produzir informações úteis exige esforço extra da maioria das organizações. Quando as empresas começaram a perceber que para desenvolver bons sistemas de informação é necessário planejamento, começaram a conscientizar que a tecnologia da informação e dos sistemas de informações são ferramentas que ajudam o gestor a produzir informações de qualidade, mas para isso é necessário investir em capacitação, treinamento, mão de obra qualificada, e principalmente ajustar as demandas dos setores da empresa no plano de desenvolvimento de *software*.

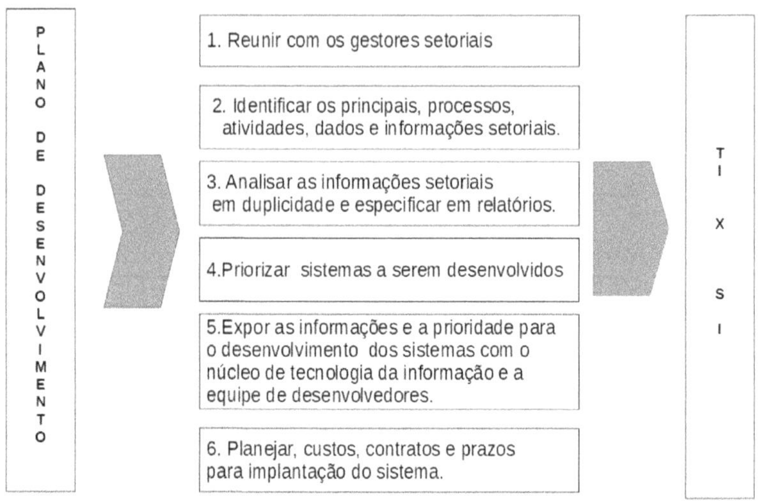

Figura 5. Plano de desenvolvimento de *software*. Fonte: autor.

Na figura 5, apresenta-se o plano de desenvolvimento de *software*, descrito a seguir:

1. **Reunir com os gestores setoriais**: a integração a equipe técnica de desenvolvimento com os membros da empresa que detém o conhecimento tácito é de grande relevância, permite que essa

equipe consiga identificar de forma eficaz quais os tipos de dados e informações que serão produzidas pelo *software* a ser desenvolvido. Durante esse processo, deve-se reunir todo o corpo administrativo, gestores, técnicos e auxiliares, para unificar e identificar os dados e informações importantes para o desenvolvimento atual do *software* e projeção de informações futuras para o surgimento de novas necessidades.

2. **Identificar os principais, processos, atividades, dados e informações setoriais**: torna-se essencial que a empresa que pretende implantar qualquer produto de *software* seja capaz de analisar o tipo de dados, informações, processos, atividades a serem expostas pela equipe funcional dessa empresa. Neste momento, se torna importante, priorizar dados que poderão ser flexibilizados dentro do sistema a ser desenvolvido. Por exemplo, a informação que é produzida para fornecer dados dos clientes, deverá ser a mesma informação que poderá ser

identificada na nota fiscal. Portanto, não existe a necessidade de produzir mais de um cadastro.

3. **Analisar as informações setoriais em duplicidade e especificar em relatórios**: toda informação que é produzida deverá ser exposta pelos setores como prioridade, e ser analisada cuidadosamente, para evitar o desenvolvimento de informações em duplicidade e evitar custos desnecessários.
4. **Priorizar sistemas a serem desenvolvidos**: é natural que, durante a fase de concepção de sistema de informação, os setores da empresa tornem eufóricos, cada um deles, busca suas necessidades como prioridade no desenvolvimento de novos sistemas. O gestor mediador deverá analisar com cuidado cada solicitação de desenvolvimento de *software*, com o objetivo de reduzir os custos.
5. **Expor as informações e a prioridade para o desenvolvimento dos sistemas com o núcleo de tecnologia da informação e a equipe de desenvolvedores**: nesta fase, é importante estar

em mãos, relatórios detalhados demonstrando o funcionamento do processo organizacional, as atividades desenvolvidas, os dados, as informações produzidas e aquelas que poderão surgir se ocorrerem futuras necessidades organizacionais. Desta forma, torna-se importante esclarecer para a equipe de tecnologia da informação que poderão surgir novas necessidades, e isto, deve existir planejamento interno de um novo sistema a ser desenvolvido.

6. **Planejar, custos, contratos e prazos para a implantação do sistema**: todos os custos para o desenvolvimento do sistema deverão ser expostos aos gestores da empresa, para que os mesmos possam ser analisados de forma adequada. Nestes custos deverão integrar toda a tecnologia necessária de *hardware* e *software* a ser implantada para que o sistema funcione de forma eficaz.

1.5. OS PROBLEMAS ENFRENTADOS PELA REVOLUÇÃO TECNOLÓGICA

Entre todos os problemas enfrentados pelas organizações, existem aqueles que oferecem maior consideração, destacam-se:

1.5.1. AUSÊNCIA DE PROFISSIONAIS QUALIFICADOS

A revolução da informática se tornou tão emergente, que muitas empresas não estavam prontas para adaptar às novas necessidades de negócio. Contratar bons profissionais se tornou um grande obstáculo. Como contratar bons profissionais, se na época era oneroso investir em tecnologia? Considerando a escassez de profissionais qualificados para ofertar a capacitação e treinamento.

Diante da crise que as empresas enfrentaram com altos custos que a tecnologia oferecia, muitas empresas começaram a ofertar cursos de capacitação e treinamento, para os funcionários antigos e novos, com objetivo de se tornarem competitivas. Porém, essa não era uma solução eficaz, porque existiam outros desafios a serem enfrentados.

1.5.2. COMPARTILHAMENTO DE CONHECIMENTO TÁCITO DE FUNCIONÁRIOS ANTIGOS

Considerando o plano de capacitação e treinamento ofertado pelas empresas, muitos funcionários se recursavam a usar novas tecnologias, inclusive aqueles que na época faziam parte da informática. Aqueles funcionários que trabalhavam há mais de 5 anos nessas empresas se recursaram a aceitar essas mudanças, incluindo nesse processo os profissionais de informática.

Os funcionários não faziam parte do setor de informática, tinham muitas dificuldades de aprender algo novo, eram muito apegados ao conhecimento antigo. Adaptar essa nova rotina, investindo em novas tecnologias com pessoas que estavam acostumadas a trabalhar com tecnologias obsoletas, não é uma tarefa tão simples, porque muitos funcionários se recusavam a conhecer o novo, muitos seguiram para a aposentadoria levando consigo o conhecimento tácito.

Seguir fielmente o plano de capacitação não era o único obstáculo que a maioria das empresas enfrentava na época. O maior obstáculo era fazer com que as empresas conseguissem entender que a informatização representa a melhoria de processos, integração de capital humano, adaptação de novas tecnologias e disponibilização de manuais e procedimentos.

1.5.3. ADAPTABILIDADE DOS PROFISSIONAIS DE INFORMÁTICA ADOTAR NOVAS TECNOLOGIAS

Em 1980, muitos profissionais de informática estavam habituados a trabalharem com computadores *mainframes*, suas atividades eram bem definidas, existem profissionais de informática específicos para cuidar dos bancos de dados, programar, administrar o sistema, sucessivamente, ou seja, cada profissional executava uma atividade pré-definida. Com a chegada dos computadores pessoais, muitos desses profissionais de informática não se adaptaram às mudanças.

Considerando que, se antigamente ele trabalhava com apenas uma atividade específica, com o surgimento dos novos computadores, era necessário que esse mesmo profissional realizasse 3 ou mais atividades ao mesmo tempo, ou seja, mais trabalho.

Insatisfeitos, muitos desses profissionais de informática, os quais se recusavam a se adaptarem às novas exigências de mercado, entraram em declínio. Muitos desses profissionais foram direcionados a aposentadoria, outros ainda conseguiram permanecer no mercado, mas não conseguiram adaptar a pressão dessas empresas por muito tempo.

1.5.4. IDENTIFICAR A INFORMAÇÃO COM A FONTE PRIMORDIAL COMO PRINCIPAL PRODUTO ATIVO DA EMPRESA

Diante de tantas dificuldades, muitos gestores não conseguiam entender a essência da informatização e seus benefícios.

Inicialmente, entenderam que para "informatizar" bastava apenas investir em novos equipamentos de informática, por exemplo, comprar novos computadores e investir em novas tecnologias, construindo sistemas de informações de forma não planejada.

Os sistemas de informações desenvolvidos por essas empresas, muitas vezes, eram desenvolvidos por qualquer tipo de profissional, sem acesso à documentação de desenvolvimento do *software*.

A documentação de desenvolvimento de um sistema de informação descreve todas as atividades técnicas, normas, processos de interligação dos módulos, normatização de desenvolvimento do sistema e todas as características técnicas elementares para o funcionamento e manutenção de qualquer sistema de informação. Sem esse documento, a empresa desenvolvedora do sistema retém o conhecimento tácito, ficando assim, a empresa contratante refém da empresa desenvolvedora de tecnologia. Os principais sistemas de informações empresariais desenvolvidos destacam-se: estoque, finanças, recursos humanos, gestão, produção, entre outros.

Manter uma equipe de tecnologia da informação disponível para a empresa, se tornava oneroso, muitas dessas empresas contratavam serviços de terceiros e esses profissionais, não possuíam nenhum vínculo empregatício com essas empresas. Como esses profissionais não tinham vínculo empregatício, não executava o suporte técnico aos sistemas de forma adequada, muitas vezes agendavam o dia para dar suporte ao sistema e não apareciam, deixando a empresa frustrada e com grandes problemas, com seus sistemas de informação apresentando problemas de desenvolvimento, causando grandes prejuízos financeiros e tecnológicos. Desta forma, existia o produto de *software*, um contrato de manutenção/suporte técnico vigente, mas o técnico de desenvolvimento não presta os serviços.

1.6. CONSIDERAÇÕES FINAIS

Diante de tantos problemas, muitos gestores começaram a entender que computadores sem suporte técnico não funcionavam de forma eficaz, que importante era investir nas pessoas, em profissionais qualificados e construir sua própria equipe de tecnologia ou contratar empresas com boas referências para desenvolvimento de produtos de *softwares*.

O processo de implantação de novas tecnologias se torna eficaz quando existe planejamento entre processos, pessoas e tecnologia. Desta forma, a informação se torna o produto mais importante de uma organização.

CAPÍTULO 2
A INFORMAÇÃO COMO PRODUTO DO SISTEMA DE INFORMAÇÃO

2.1. INTRODUÇÃO

Na década de 1990, o termo informatização foi muito usado como forma de poder. Muitos gestores acreditavam que informatizar era apenas instalar computadores nas dependências das empresas e consequentemente expandir seus lucros. Amargamente descobriram que investir na informática não trazia lucros de forma imediata ou a curto prazo.

Neste período, não se pensava na internet no contexto atual, inspirada em acessos remotos em curta ou longa distância, em qualquer lugar, usando qualquer tecnologia, conectando as redes de computadores. A internet se tornou o alicerce da empresa moderna, administrar negócios usando a tecnologia da informação se tornou prioridade e essa tecnologia é tão intensa, que não conseguimos trabalhar.

2.2. INVESTINDO EM NOVAS TECNOLOGIAS

À medida que muitos gestores e empresários perceberam que a informatização estava além da instalação de equipamentos de informática e computadores, o termo antigo descrito como informática começou a perder espaço, devido às novas formulações e adaptação de negócios.

As empresas se tornavam cada dia mais exigentes, os *softwares* deixavam de ser algo individualizado para se tornarem integrados e conectados.

O termo *informática* passava por grandes transformações, deixava de ser referenciado como a unificação de várias ciências com o objetivo de armazenar, transmitir, processar dados e informações por tecnologia digital.

Constantemente, as empresas estão mudando a forma de como administrar negócios, a era digital já não pode ser considerada algo tão distante, as pessoas buscam comodidade, desejam conectividade 24 horas, 7 dias por semana, mudaram a forma de pensar, fazer negócios, atender clientes, trazendo por si novas tendências de mercado.

Atualmente, não é possível visualizar a informática como era vista no passado, focada no processamento de dados e informações. A informática se transforma de uma forma constante na Tecnologia da Informação (TI).

A Tecnologia da Informação está fundamentada nos componentes de *hardware* e seus dispositivos e periféricos, *softwares* e seus recursos, sistemas de telecomunicações, gestão de dados e informações (REZENDE, 2003).

Essa nova espécie de computação serve para alavancar o desempenho de muitas empresas e, ao mesmo tempo, é arma para a sobrevivência de outras que, sem ela, estariam condenadas à falência. Grosso modo, a soma de todos os sistemas de computação usados por uma empresa é chamada de tecnologia da informação (TURBAN,2004).

2.3. INFORMATIZAÇÃO EMPRESARIAL

O termo informatizar se tornou popular nos anos 90, poucos gestores entendiam o seu significado, para eles uma empresa está devidamente "informatizada" se investisse em compras de equipamentos de informática. Investir em novas tecnologias pode ser algo bom, mas também pode se tornar um grande pesadelo para muitas empresas, pode se tornar o alicerce para o sucesso ou o fracasso, e tudo isso depende de um bom planejamento. Para investir na tecnologia da informação, e em sistemas de informação é necessário ter uma visão de mundo integrada às necessidades de negócio.

Softwares só se tornam bons e úteis se tiverem uma ação conjunta com toda a equipe de funcionários de uma empresa de forma participativa. Planejar estrategicamente a tecnologia da informação e os sistemas de informações numa empresa não é uma tarefa fácil, envolve muito esforço empresarial, adaptação do conhecimento tácito para explícito de seus colaboradores, esta é a essência para o sucesso de uma organização.

Investir em tecnologia da informação e sistemas de informação pode alavancar e direcionar a empresa ao sucesso ou fracasso, e tudo depende de como o gestor poderá conduzir a integração dessas tecnologias dentro da empresa.

A informatização empresarial só ocorre quando toda a empresa se une para um propósito comum, trabalhar de forma colaborativa para um bom e eficaz desenvolvimento de um produto de *software*.

Investir no planejamento de tecnologia da informação (TI) e sistemas de informação (SI) sem planejamento poderá elevar os custos de produção da informação, conduzir a empresa a falência, considerando que a lucratividade a partir dos investimentos que a TI e os SIs proporcionam a longo prazo é o que permite que as empresas se tornem competitivas.

Durante a fase de concepção, desenvolvimento e implantação de um sistema de informação, adotando a tecnologia da informação, as empresas demonstram muitas expectativas, as quais poderão ser frustradas se não tiverem análise de riscos e a participação ativa do capital humano na empresa.

Diversificar, compartilhar, socializar de forma multidisciplinar o conhecimento tácito e explícito dos negócios, integrando os profissionais de TI nesse processo, é essencial para que a empresa seja informatizada de fato e siga pró-ativa em novas tendências tecnológicas.

Nos dias atuais, após 30 anos da revolução da informática, muitas ideias vistas no passado sobrevivem nas cabeças daqueles gestores que alimentam o medo de usar novas tecnologias para administrar seus negócios. Ainda acreditam que apenas os profissionais de TI e SI sozinhos são capazes de desenvolver um bom sistema de informação, para isso é necessário unir forças para o planejamento dos sistemas de informações e da tecnologia da informação, onde se possa produzir informações úteis para fins de tomada de decisão. Este é o maior e melhor suporte que a informação possa fazer, apoiar os gestores a tomar decisões acertadas usando como fonte de apoio as novas tecnologias. Sem a união desses esforços, se torna impossível bons produtos de *software* serem desenvolvidos de forma eficaz, porque cada empresa é única, a forma de trabalhar é diferente, cada uma tem sua particularidade. Usando o bom senso de forma participativa, evita-se desperdício de investimentos desnecessários e futuros prejuízos.

O termo informatizar está diretamente ligado à melhoria de processos, não se consegue informatização sem obter um olhar crítico ao processo de negócio. É de extrema importância construir uma ação conjunta com toda a organização antes da implantação de qualquer ferramenta tecnológica, realizar discussões, entender o surgimento dessa informação, desde a concepção, produção, análise, controle, arquivamento e/ou descarte.

A informação se tornou o ativo mais importante do que toda a tecnologia, implantada nos últimos anos nas organizações, não faz sentido investir em tecnologia da informação sem pensar no principal produto dessa tecnologia *A INFORMAÇÃO*, que seja diretamente ligada ao processo de tomada de decisão, que seja precisa, econômica, eficaz, completa, flexível e *on-line.*

2.4.ENTENDENDO A EXISTÊNCIA DOS PROFISSIONAIS DE TECNOLOGIA DA INFORMAÇÃO E SISTEMAS DE INFORMAÇÃO

Muitos gestores acreditam que os profissionais de TI e SI são capacitados para desenvolver todo e qualquer tipo de tecnologia e sistemas. Na verdade, existem muitas características específicas na área de TI e sistemas de informação (SI). Em ambos os casos, esses profissionais são especialistas no desenvolvimento dessa tecnologia, entendem todas as fases do ciclo de desenvolvimento de novos produtos de *softwares*, independente do perfil de aplicação dessas tecnologias, ou seja, entendem o desenvolvimento técnico da área, mas se esse produto de *software* for implantado na área de estoque, finanças, gestão, produção entre outras, se faz necessário obter apoio técnico e especializado das áreas em que o sistema será desenvolvido e implantado. Por exemplo, se o sistema a ser desenvolvido for para área médica, deverá ter apoio de um especialista na área da saúde.

No desenvolvimento de qualquer tecnologia ou sistema de informação, é de fundamental importância a empresa obter o suporte técnico especializado (profissional onde o *software* será desenvolvido), para que se possa descrever em detalhes de forma a explicitar o conhecimento tácito, e esse conhecimento possa ser descrito no formato de aplicação de *software*.

Os profissionais de TI e SI, não são capacitados para trabalhar integral nas mais diversas áreas de conhecimento, até porque se fosse assim, deveriam se graduar em contabilidade. Se fosse desenvolver um sistema de informação contábil, para desenvolver um sistema na área de saúde, o profissional de TI/SI precisaria se graduar na área de medicina para desenvolver sistemas médicos. Da mesma forma, nos casos, a necessidade de desenvolvimento seja na área de administração de empresas para desenvolver *softwares* na área de gestão e assim sucessivamente. Portanto, se torna praticamente impossível que os profissionais de TI e SI se graduem em cada uma dessas áreas, para poder desenvolver um produto de *software,* cabendo este papel à área a qual o sistema de informação será desenvolvido.

Quando uma empresa, não obedece a esses pré-requisitos durante a concepção, desenvolvimento e implantação de novos produtos de *softwares*, corre risco de construir um sistema não funcional (inútil), usando a metodologia de constrói e destrói (desenvolve de um lado e conserta do outro). Não faz sentido investir tantos esforços para construir um sistema de informação e em pouco o mesmo ser substituído por nova versão porque não consegue atender às demandas tecnológicas da empresa.

Esta metodologia pode ser representada, quando um produto de *software* precisa de um tempo a ser desenvolvido, e sem participação ativa de outros profissionais de forma interdisciplinar, podendo gerar muitas expectativas na implantação do sistema ou da tecnologia.

Entende-se que muitas dessas expectativas podem não ser atendidas, e aquele produto de *software* desenvolvido poderá não servir para absolutamente nada. Este processo, ativa um alerta para a empresa realizar análise de risco, durante o processo de concepção, desenvolvimento e implantação de tecnologias da informação e sistemas de informação.

2.5. CONSIDERAÇÕES FINAIS

O valor da informação está diretamente relacionado a quanto os empresários e gestores são capazes de investir em tecnologias para alavancar o negócio e, com isso, se manterem competitivos.

Quando uma informação for capaz de manter a competitividade, melhoria de processos, adaptabilidade, podemos dizer que a empresa está devidamente informatizada.

CAPÍTULO 3

PROJETANDO UM SISTEMA DE INFORMAÇÃO PARA GESTÃO

3.1. Introdução

Desde 1990, quando surgiu a revolução da informática, que a tecnologia vem demonstrando constantes mudanças, seja na área de hardware e software. Na área de hardware, evolui-se rápido em relação ao software, devido à grande concorrência empresarial, que se dispõe a desenvolver novas tecnologias personalizadas para seus clientes e, com isso, o hardware vem se modificando constantemente.

Essa situação não acontece com o software, o qual possui uma outra demanda. Dependendo do tipo de software a ser desenvolvido, o mesmo poderá se tornar complexo. Portanto, essas questões que envolvem, hardware e software, ocasionadas pela evolução da tecnologia, seja para o armazenamento de dados, processamento ou na manutenção da tecnologia, muitos gestores têm tido a ideia de que a tecnologia da informação e os sistemas de informações poderão resolver qualquer tipo de problema dentro da empresa. Porém, a grande maioria dos gestores não consegue compreender que para se obter sucesso em uma tecnologia ou sistema desenvolvido é necessária a participação assídua de toda a empresa, para que essas tecnologias funcionem bem e que possam apoiar o processo de tomada de decisão.

3.2. Novas tecnologias para gestão

Os profissionais de tecnologia da informação (TI) e sistemas de informação (SI), possuem seus papéis participativos dentro da empresa bem definidos, seja no desenvolvimento de novas tecnologias ou na manutenção das mesmas.

Quando uma empresa se disponibiliza a investir no desenvolvimento e implantação de sistemas de informação, deverá fazer algumas perguntas sobre a real necessidade de implantar certas tecnologias. A supervalorização e perspectiva alta no surgimento de uma nova tecnologia não é, de fato um bom caminho. Portanto, torna-se importante questionar-se sobre a importância de se obter o sistema de informação e suas derivações tecnológicas. Destacam-se:

I. Qual a estrutura tecnológica que tenho que oferecer para se obter um novo sistema de informação?
II. A empresa possui tecnologia da informação adequada para a implantação de novos sistemas de informação?
III. Quais são as reais necessidades de implantar um novo sistema de informação na empresa?
IV. Quais são as prioridades dos departamentos da empresa?
V. Qual a aceitabilidade dos usuários em se adequar ao novo sistema a ser implantado?
VI. Existem serviços na área de TI e SI, os quais poderão ser terceirizados?

VII. Se ocorrer terceirização dos serviços de TI e SI, qual a segurança da informação em função desses sistemas?

VIII. Se torna necessário investir em políticas de segurança dentro da empresa com objetivo de prevenir invasões internas e externas?

IX. Quem são os usuários dos sistemas de informações?

X. Quem são os profissionais de TI e SI, os quais têm acesso às informações confidências da empresa.

XI. Qual o impacto da implantação de novos sistemas e tecnologia na empresa?

XII. Qual a aceitabilidade dos usuários em se adaptar ao novo sistema implantado.

XIII. Qual o papel do gestor da informação?

3.3. O que o gestor da empresa precisa saber

A participação assídua de toda a empresa durante o processo de desenvolvimento de sistema é fundamental para o sucesso ou fracasso dos sistemas de informações e das novas tecnologias a serem implantadas.

O gestor da informação precisa ser capaz de entender as reais necessidades empresariais para o uso e implantação da TI e SI. Entender quais são as necessidades de negócio, quais os tipos de informações que deverão ser produzidas pelo sistema de informações e suas tecnologias, destaca-se:

1. Identificar as necessidades de negócio;

2. Realizar reuniões de área ou setoriais para entender as necessidades departamentais;

3. Identificar os dados brutos e as informações, as quais serão produzidas pelo sistema de

informação, para apoiar o processo de tomada de decisão;

4. Projetar essas necessidades usando tabelas, diagramas, fluxogramas, para deixar exposto e descrito em detalhes para o departamento de desenvolvimento de sistemas de informação.
5. Elaborar um relatório gerencial que possa detalhar quais são as informações produzidas pelo sistema de informações.

6. Identificar quais são os tipos de dados coletados, produzidos e as informações como o principal produto dos sistemas de informação;

7. Capacitar a equipe técnica de TI, SI e demais funcionários da empresa, antes e durante a implantação de novas tecnologias.

O gestor da informação deverá entender que, o processo de informatização de uma empresa é algo contínuo.

A informatização de uma empresa está vinculada à melhoria de processos, como poderá ser descrito na figura 3.1.

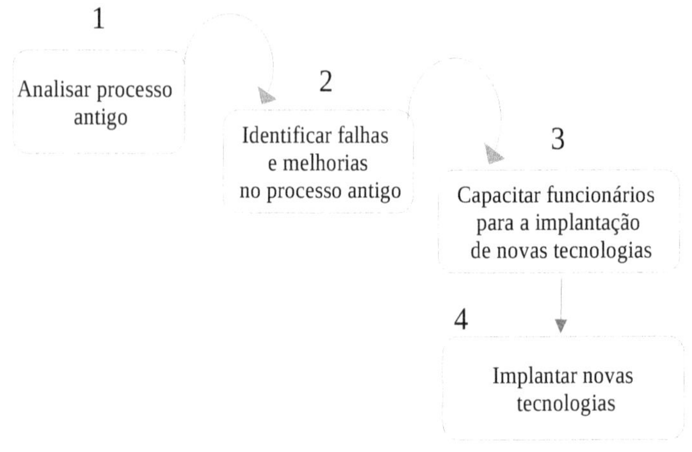

Figura 3.1. Ciclo de implantação de novas tecnologias para informatização de uma empresa. Fonte: autor.

- **ANALISAR PROCESSO ANTIGO:** é importante o gestor analisar em detalhes, se o processo antigo daquela atividade é de fato bom para a empresa. Se torna importante analisar o tempo de execução de cada atividade até o seu processo de conclusão e a sua viabilidade.

- **IDENTIFICAR FALHA PARA MELHORIA DO PROCESSO:** analisar uma atividade ou um processo, faz necessário observar se aquela tecnologia é adequada para os tempos atuais, se existe agilidade durante a execução do processo ou atividade e identificar essas falhas para melhorar o processo, para depois serem implantadas novas tecnologias.
- **CAPACITAR FUNCIONÁRIOS PARA A IMPLANTAÇÃO DE NOVAS TECNOLOGIAS**: quando uma empresa se dispõe a implantar novas tecnologias da informação, e sistemas de informação precisa estar disposta a investir em capacitação e treinamento de funcionários em geral e técnicos de TC e SI, para que essas tecnologias sejam implantadas de forma segura e eficaz.
- **IMPLANTAR NOVAS TECNOLOGIAS:** após a estruturação da empresa, seja tecnológica pela TI ou pelo SI, capacitação funcional e identificação dos problemas. A implantação de notas

tecnologias se torna um processo natural e a aceitabilidade dos usuários se torna tranquila. Poderão surgir críticas construtivas para uma melhoria no sistema de informação.

CAPÍTULO 4

A INFORMAÇÃO COMO PRINCIPAL PRODUTO DO SISTEMA DE INFORMAÇÃO

4.1. Introdução

No processo de desenvolvimento de um sistema de informação, existem barreiras entre as áreas de Tecnologia da Informação (TI), Sistemas de Informação (SI) e clientes. Portanto, se torna necessário que o gestor da informação, entenda a demanda dos profissionais de TI e SI.

Na concepção de quaisquer sistemas de informação e na adoção de novas tecnologias, existem barreiras técnicas, as quais deverão ser trabalhadas no decorrer do tempo, para que o sistema de informação a ser produzido, possa ser considerado um sistema funcional.

Na maioria das empresas públicas e privadas, as fases de concepção, desenvolvimento, implantação, capacitação dos sistemas de informação vêm enfrentando diversas barreiras, no que se refere ao conhecimento tácito de funcionários em geral. Muitas vezes, aquele funcionário que trabalha por muitos anos, tem a percepção de ser insubstituível, retendo o seu conhecimento tácito, guardando para si informações importantes para que o desenvolvimento dos SI's possa ser desenvolvido de forma eficaz e eficiente.

4.2. O Gestor da Informação

Em 1990, na revolução da informática, foi vendida a ideia de que os computadores e sistemas de informações resolveriam quaisquer tipos de problemas, não era necessário investir em mão de obra, que as máquinas trabalhavam sozinhas. Nessa mesma época, a maioria dos gestores das empresas começou a investir em tecnologia da informação e em novos sistemas de informação. Por outro lado, surgiu um outro problema, a escassez de mão de obra qualificada e de sistemas de informações funcionais.

Muitos desses sistemas de informações, eram desenvolvidos sem um padrão técnico, com pouco apoio do corpo técnico da empresa, por exemplo, no momento da concepção do sistema, a integração do corpo técnico de TI e SI, descrevia o sistema de informação, baseado naqueles funcionários com altos cargos existentes nas empresas, esses funcionários, muitas vezes, não entendiam o funcionamento das atividades em detalhe. Por outro lado, aquele funcionário que tinha a maior experiência, baseado no conhecimento tático, tinha medo de perder o emprego por ter que compartilhar conhecimento. Essa situação se tornou uma grande barreira para extrair informações úteis para o desenvolvimento de novos sistemas de informações.

A equipe de TI e SI possui conhecimento técnico em *hardware, software*, modelagem de sistemas e implantação de novas tecnologias da informação. Porém, detalhes técnicos e específicos das áreas nas quais esses sistemas de informações poderão funcionar, essas informações eram desconhecidas pelo corpo técnico de profissionais de TI e SI. Este fato, fez com que os profissionais de TI e SI precisassem de maior apoio de uma equipe multidisciplinar, para poder desenvolver novos sistemas e construir um sistema de informação funcional, o que não é uma tarefa fácil atualmente. Por isso, torna-se fundamental o papel do gestor da informação nesse processo de construção e desenvolvimento de sistemas de informações.

O gestor da informação é um profissional que tem uma formação multidisciplinar em administração, computação, finanças, contabilidade, estatística, gestão, entre outras. Essa formação multidisciplinar busca entender, analisar melhor os dados e informações oriundas do ambiente de trabalho, que se possa transformar essas informações, que por muitas vezes podem estar ociosas, e transformá-las em informações úteis, relevantes e que se possa apoiar o processo de tomada de decisões.

4.3. A informação para gestão

Na maioria das empresas públicas e privadas, muitos gestores não conseguem compreender o principal papel de um sistema de informação.

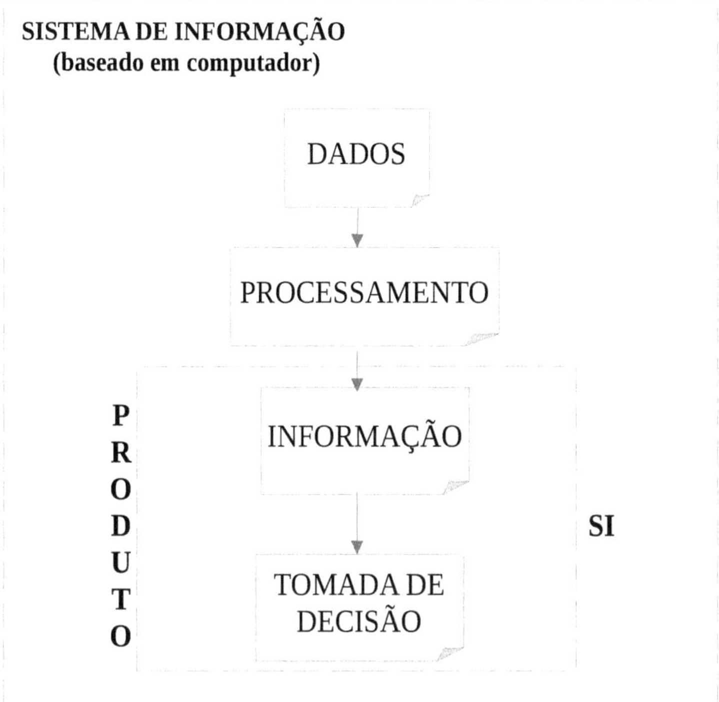

Figura 4.1. Características de um sistema de informação baseado em computador. Fonte: autora.

Na figura 4.1, apresenta-se o sistema de informação baseado em computador, conforme o que segue:

- **Dados:** são fatos brutos ainda não processados, por exemplo, código, nome, CPF, endereço, telefone, etc.

- **Processamento:** corresponde à manipulação dos dados em seu ambiente natural, vínculos e transformação desses dados para gerar informações;
- **Informação:** representa o produto desses dados e que possa apoiar o processo de tomada de decisões.

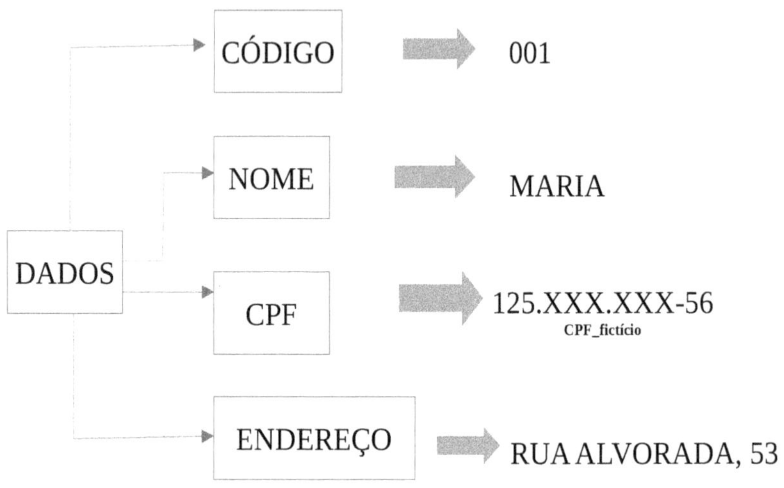

Figura 4.2. Característica dos dados. Fonte: autora.

- **DADOS**: são fatos não processados, se caracterizam em descrições específicas de detalhes que ainda não foram manipulados, como podem ser vistos na figura 4.2.

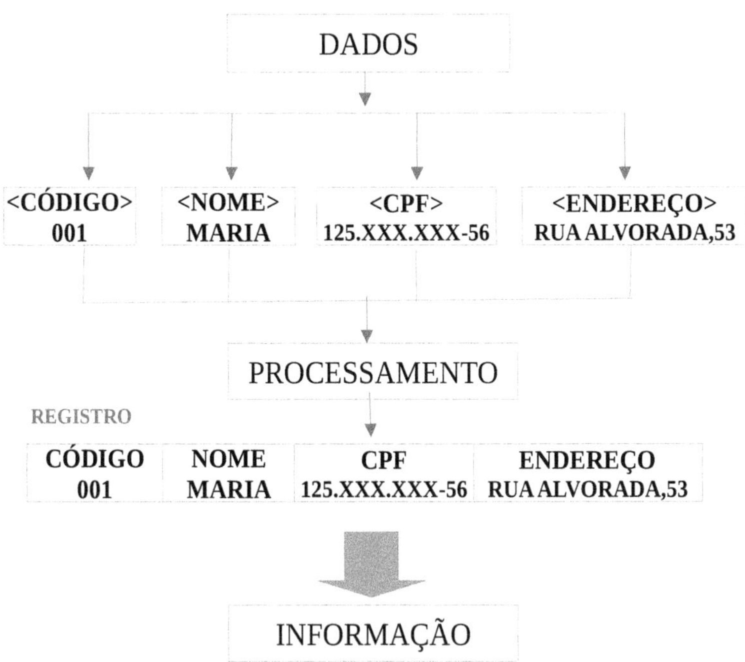

Figura 4.3. Característica do processamento. Fonte: autora.

- **PROCESSAMENTO** : representa a manipulação dos dados, ou seja, direcionar aquilo que ainda não foi processado de forma catalogada e organizada, a ser armazenado no formato de registro, para que se possa consultar no futuro.

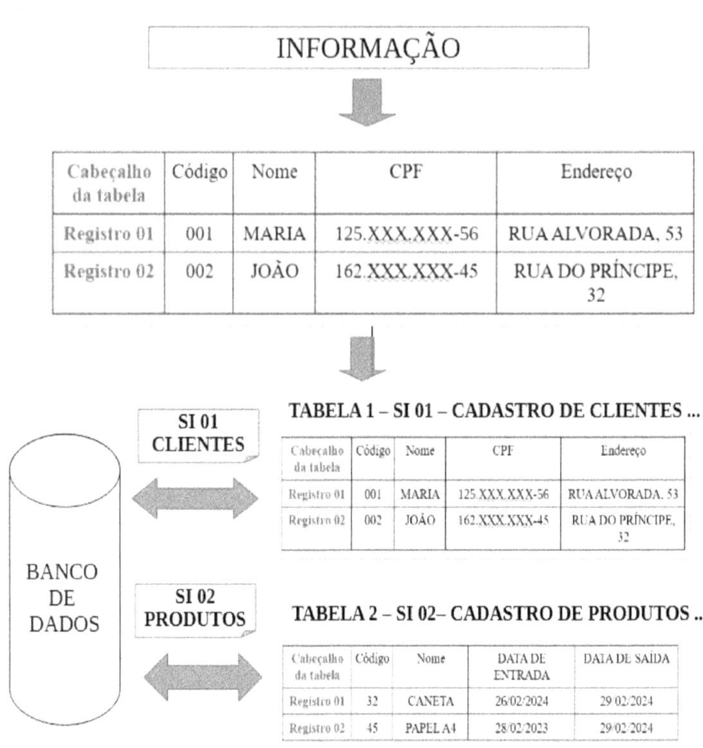

Cabeçalho da tabela	Código	Nome	CPF	Endereço
Registro 01	001	MARIA	125.XXX.XXX-56	RUA ALVORADA, 53
Registro 02	002	JOÃO	162.XXX.XXX-45	RUA DO PRÍNCIPE, 32

TABELA 1 – SI 01 – CADASTRO DE CLIENTES ...

Cabeçalho da tabela	Código	Nome	CPF	Endereço
Registro 01	001	MARIA	125.XXX.XXX-56	RUA ALVORADA, 53
Registro 02	002	JOÃO	162.XXX.XXX-45	RUA DO PRÍNCIPE, 32

TABELA 2 – SI 02– CADASTRO DE PRODUTOS ..

Cabeçalho da tabela	Código	Nome	DATA DE ENTRADA	DATA DE SAÍDA
Registro 01	32	CANETA	26/02/2024	29/02/2024
Registro 02	45	PAPEL A4	28/02/2023	29/02/2024

Figura 4.4. Características da informação. Fonte: autora.

- **INFORMAÇÃO:** resulta do processamento dos dados, criando informações úteis capazes de apoiar o processo de tomada de decisões.

Diante de um sistema de informação baseado em computador, existe um ciclo de vida para extrair o produto do sistema de informação chamado de **INFORMAÇÃO.** A informação, necessariamente precisa ser organizada e armazenada em algum ambiente. Nos sistemas de informações tradicionais, a informação é armazenada em um ambiente chamado de banco de dados.

O banco de dados é um **software** capaz de armazenar dados em diversas plataformas, suas principais características são a organização dos dados, informações em formatos de tabelas de acordo com o sistema de informação a ser adotado.

O sistema de informação precisa de um lugar de armazenamento de forma organizada dos seus dados. Inicialmente os profissionais de TI e SI, criam um SGBD (Sistema de Gerenciamento de Banco de Dados), nele são armazenados os dados de todos os sistemas de informação existentes na empresa, de forma que sejam organizados para consultas futuras.

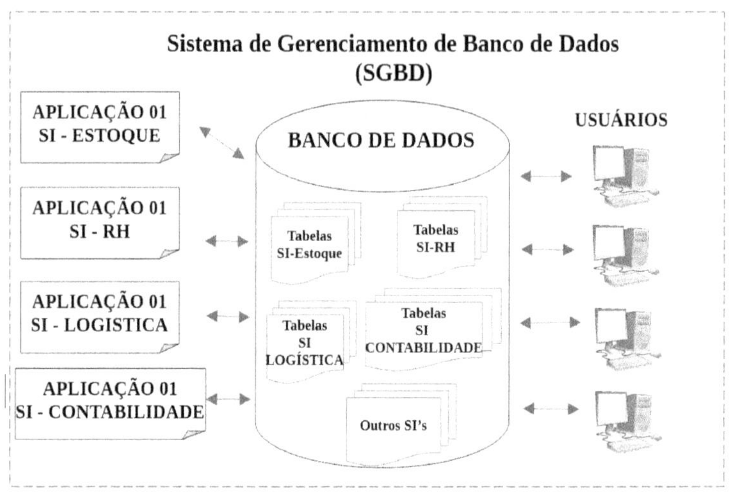

Figura 4.5. Sistema de Gerenciamento de Banco de Dados (SGBD). Fonte: autora.

Na figura 4.3, apresenta-se a formação de um registro de dados a partir da sua organização, esse registro é armazenado em um ambiente chamado banco de dados de forma ordenada. Na medida que, os dados são processados e transformados em informações, a organização dos mesmos é realizada de forma automática pelo SI, ficarão armazenados ali até que sejam consultados, por algum dado chave, que represente um registro do sistema, por exemplo:

CPF, matrícula, código são dados chaves, os quais relacionam-se à identificação do registro no sistema de informação, como pode ser visto na figura 4.4. Uma vez seja usado um dado chave à identificação da informação no registro do banco de dados, essa informação é extraída do sistema de informação em diversos formatos: vídeo, impresso, arquivos PDF, entre outros formatos, dependendo da necessidade do gestor no formato de relatórios.

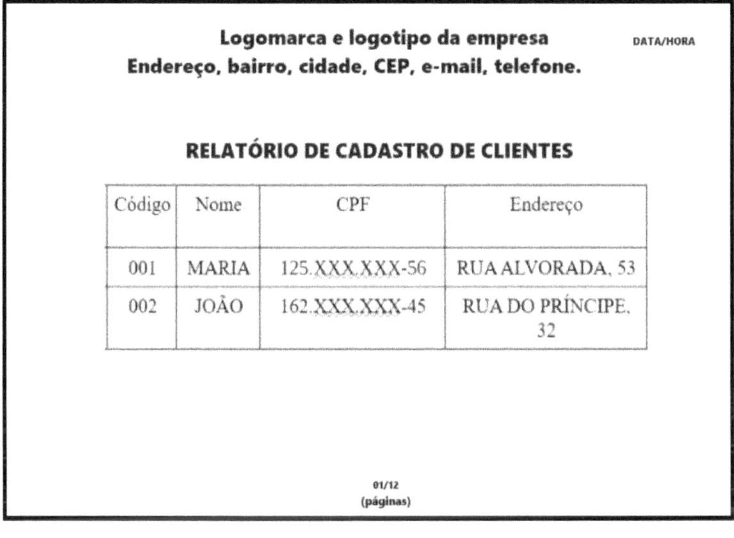

Logomarca e logotipo da empresa

DATA/HORA

Endereço, bairro, cidade, CEP, e-mail, telefone.

RELATÓRIO DE CADASTRO DE CLIENTES

Código	Nome	CPF	Endereço
001	MARIA	125.XXX.XXX-56	RUA ALVORADA, 53
002	JOÃO	162.XXX.XXX-45	RUA DO PRÍNCIPE, 32

01/12
(páginas)

Figura 4.5. Modelo de Relatório de Cadastro de Clientes. Fonte: autora.

4.4.CONSIDERAÇÕES FINAIS

A implantação dos sistemas de informações nas empresas públicas e privadas, vem sendo um grande desafio, devido ao entendimento dos gestores da informação sobre o sistema. O ciclo de desenvolvimento de sistemas não é uma tarefa fácil, requer alto custo e dedicação da equipe técnica e dos gestores da informação. Além disso, investir em capacitação do corpo técnico e de usuários se torna fundamental importância para se obter um sistema de informação de qualidade.

CAPÍTULO 5

A MODELAGEM DE UM SISTEMA DE INFORMAÇÃO PARA GESTÃO

5.1. Introdução

O processo de desenvolvimento e modelagem de um sistema de informação (SI) torna indispensável a participação assídua da equipe técnica de TI e SI com aqueles que fazem parte da área especializada, para que se possa ter um sistema de informação funcional.

Atualmente, muitos gestores acreditam que para informatizar uma empresa é necessário comprar computadores e investir em contratos de internet, e que essas tecnologias não necessitam de manutenções contantes por exemplo, manutenções preventivas e corretivas, tanto na parte de *hardware* quanto de *software*, no que tange à tecnologia da informação e aos sistemas de informações.

O investimento na tecnologia da informação e nos sistemas de informações poderá alavancar uma empresa ao sucesso ou declinar ao fracasso, isso depende de como foi implantada a tecnologia.

A TI e os SI's, precisam de uma colaboração efetiva das áreas técnicas da computação e demais áreas afins. Para implantar a tecnologia da informação, se faz necessário analisar, testar riscos, contratos, licenças, atualizar a tecnologia anterior. São diversos fatores necessários para que um sistema de informação seja implantado na empresa.

No ambiente de gestão, o perfil dos usuários e a vontade das empresas estarem integradas de forma tecnológica, tem se demonstrado em situações atípicas que muitos gestores não idealizam quanto se torna onerosa a implantação de novas tecnologias, seja de tecnologia da informação e dos sistemas de informação. O investimento financeiro, mão de obra e tecnológico, se não foram avaliados, planejados e implantados, poderão gerar custos que, muitas vezes, poderão ser impagáveis e isso poderá levar a empresa ao fracasso tecnológico e financeiro.

5.2. Necessidades tecnológicas para implantação de um sistema de informação

Quando um gestor de informação deseja implantar novas tecnologias na empresa, principalmente no que se refere ao desenvolvimento de sistemas de informação, se torna necessário analisar vários fatores tecnológicos e financeiros, destacam-se:

Figura 5.1. Ciclo de implantação de um sistema de informação para gestão. Fonte: autora.

I. **ANALISAR PROCESSOS E ATIVIDADES** : buscar entender o funcionamento de cada processo organizacional e suas atividades, se torna importante que o gestor desenvolva fluxogramas de atividades, para entender melhor cada fase do processo e atividades produzidas com objetivo de visualizar os gargalos de cada atividade ou processo, evitando duplicidade de dados, informações, retrabalho e trabalhos que muitas vezes não são necessários;

II. **REALIZAR REUNIÕES PARA PLANEJAMENTO ESTRATÉGICO DE TECNOLOGIA DA INFORMAÇÃO E DOS SISTEMAS DE INFORMAÇÃO:** essas reuniões deveram compor toda equipe da empresa, destinadas aos departamentos, buscando entender as necessidades de cada setor com objetivo de filtrar essas necessidades e definir os níveis de prioridade para o desenvolvimento de sistemas de informação e implantação de novas tecnologias. Diante da exposição das necessidades de negócio, o gestor da informação deverá ser capaz de identificar quais sistemas de informações deverão ser desenvolvidos e descrever de forma detalhada os níveis de prioridade de cada sistema, atribuindo prazos para o seu desenvolvimento e implantação. Também se torna necessário, conversar, descrever, modelar cada atividade desenvolvida no processo com aquelas pessoas que são especialistas naquela atividade, isso poderá facilitar a interpretação dos dados e das informações existentes nos SI's a serem desenvolvidos;

III. **INTEGRAR OS PROFISSIONAIS DE TI E SI NAS REUNIÕES ESTRATÉGICAS DE GESTÃO:** essa integração faz parte da modelagem dos sistemas de informação e análise de implantação de novas tecnologias. A participação desses profissionais se torna de grande importância, para que consigam identificar quais as tecnologias a serem implantadas na empresa ou aquelas, as quais deverão ser atualizadas, e realizar o levantamento dos custos;

IV. **LEVANTAMENTO DOS CUSTOS COM A TI:** se torna fundamental análise da equipe técnica de TI, no que se refere ao levantamento dos custos com a tecnologia da informação. Embora o gestor da informação, necessite implantar um sistema de informação específico, se faz necessário analisar os impactos financeiros, mão de obra e tecnológicos para implantação dessas tecnologias, destacam-se:

I. **HARDWARE:** o gestor deverá solicitar ao departamento técnico de TI um levantamento detalhado dos custos com o *hardware* e seus impactos de implantação na empresa. Se o gestor deseja implantar um sistema de informação, esse sistema será usado usando a internet. Faz-se, necessário avaliar e analisar, o sistema operacional a ser escolhido, seja um *software* proprietário ou *free*, para isso se torna importante saber o *hardware* adequado para instalação desse *software*. Se o sistema de informação precisará de ter acesso à internet, no mínimo, o gestor precisará ter a infraestrutura de rede de computadores, com servidores, *switch*, roteadores, repetidores, fazer o cabeamento estruturado da rede ou optar por uma rede de computadores *wi-fi*. No caso da rede de computadores, se faz necessário pensar na segurança da rede, seja física ou tecnológica, mecanismos de defesa de possíveis invasões, como combatê-las e preveni-las com a política de segurança da informação. Os impactos com a atualização de novas tecnologias de *hardware* também se tornam importantes, muitas vezes interferem na infraestrutura interna dos equipamentos ou cabeamentos e poderão pausar as atividades de gestão por algum período de tempo.

II. **SOFTWARE:** os *softwares* também são importantes, para um sistema de informação funcionar é necessário ter um software gerenciador e administrador do sistema, esse *software* é chamado de sistema operacional. Muitos sistemas operacionais são *free* ou gratuitos, proprietários ou *free*, são tão bons quanto os *free*. O gestor da informação também terá que ter a consciência de que, ao optar por usar um sistema operacional proprietário, deverá pagar a licença do *software*, definida pelo fabricante, de forma individualizada por equipamento. Além do sistema operacional, também se faz necessário investir em outros *softwares* para a manutenção do sistema de informação, tais como: banco de dados, linguagem de programação, antivírus, *softwares* de segurança da informação e optar pela opção gratuita ou paga. Caso o gestor opte pelos softwares proprietários (pagos), a empresa terá que pagar as licenças anuais ou vitalícias por software instalado. Se optar por usar ferramentas gratuitas ou *free*, deixará de pagar essas licenças. Porém, deverá seguir as diretrizes descritas nas licenças em formato *free* ou gratuitas. Portanto, em todos os formatos de *softwares* haverá custos para a empresa, porém esses custos poderão ser minimizados.

III. **CONTRATOS:** a empresa deverá manter todos os contratos de manutenção de *software*, *hardware* e suas licenças de forma organizada e acessível. Nesta fase, o sistema de informação ainda não foi implantado. O gestor deverá incentivar uma política de segurança da informação, conscientizar toda a empresa a não utilizar *software* pirata. Considerando que, mesmo que a empresa compre a licença de software ou hardware, para uma máquina específica, caso queira reinstalar em outras máquinas aquela licença, apesar de o software ser original, essa outra máquina se torna pirata, com isso, permite na maioria dos casos à falta de suporte técnico e vulnerabilidades na segurança da informação, caso exista, toda a responsabilidade será da empresa e consequentemente do gestor da informação.

IV. **CONTRATO DE MANUTENÇÃO DOS SI's**: existem questões que são desconhecidas pelo gestor, no que se refere ao sistema de informações, deverá arcar com os custos de *hardware, software* e também da manutenção do sistema de informação, inclusive nos custos de desenvolvimento do sistema. Na fase de desenvolvimento, o custo de produção é um e a manutenção do sistema é outro, ambos são necessários, muitas vezes desconhecidos pelo gestor.

V. **INVESTIR EM EM UMA EQUIPE TÉCNICA DE TI E SI NA EMPRESA:** existe uma necessidade real de obter uma equipe técnica na empresa, seja de TI ou SI. As vantagens da empresa ter uma equipe técnica estão diretamente relacionadas aos futuros problemas, os quais poderão ser enfrentados durante o uso das tecnologias da informação e dos sistemas de informação. Portanto, manter uma equipe pronta e disponível é de fundamental importância para que se possa conviver de forma harmoniosa com as novas tecnologias. Por outro lado, se faz necessário ter um departamento de informática na empresa e manter todos os seus custos. Existem empresas, que não se permitem manter esses custos, buscam terceirizar parte ou todo serviço de manutenção de *hardware* e *softwares*. Mesmo a empresa arcando com todos esses custos, ainda se torna vantajoso, pelo simples fato de se obter uma equipe disponível que possa solucionar a maioria dos problemas existentes na empresa.

VI. **TERCEIRIZAR OS SERVIÇOS DE TI E SI NA EMPRESA**: uma situação polêmica está relacionada à terceirização dos serviços de tecnologia da informação e sistemas de informação. Existem empresas que preveem terceirizar 100% (cem por cento) dos serviços de manutenções de *hardware, software* da TI, manutenção preventiva e corretiva dos sistemas de informação. A vantagem está relacionada à minimização dos custos com a TI e SI's. De outro modo, caso a empresa fabricante do *hardware* ou *software* apresente problemas com o contrato, o gestor terá problemas com o suporte técnico disponível para a sua empresa, principalmente com a manutenção do banco de dados, onde existe o ouro da organização que é a informação.

5.3. MODELAGEM DO SISTEMA DE INFORMAÇÃO PELO GESTOR DA INFORMAÇÃO

A modelagem de um sistema de informação pelo gestor da informação, não é uma tarefa simples, existe a necessidade de entender todo o funcionamento do sistema de informação e realizar a sua interpretação baseada em computador. Existem dois tipos de sistemas de informação, aquele baseado em computador ou manuais.

- **SISTEMA DE INFORMAÇÃO MANUAL:** representa a integração de vários processos e atividades existentes na empresa sem o uso do computador e representa como essas atividades funcionam no cotidiano. Por exemplo, quando uma empresa se permite a implantar um sistema de informação, deverá estar ciente, de que uma vez implantada tal tecnologia, não se retorna usar os *softwares* aplicativos como pacote *Office (Windows), Libre Office (Linux)* ou outras ferramentas, porque a ideia é automatização de processos. Considerando que, não faz sentido ter um alto investimento em TI e SI, e no meio do processo, o usuário ter que concluir sua atividade deixando de usar o sistema de informação e ter que completar essa atividade, muitas vezes usando outros *softwares* para concluí-lo. Isso permite que o sistema não seja baseado em computador, porém, o processo e as atividades de negócio, são executadas na mesma forma.

- **SISTEMA DE INFORMAÇÃO BASEADO EM COMPUTADOR:** representa a integração de todos os processos e atividades da empresa de forma automatizada, sem a interrupção dessa execução por outras ferramentas ou trabalhos manuais. O sistema de informação é soberano em solucionar problemas e apoiar o processo de tomada de decisão, todo processo e atividade de negócio é solucionado pelo SI.

5.4. DEFINIR AS CARACTERÍSTICAS BÁSICAS DE UM SISTEMA DE INFORMAÇÃO BASEADO EM COMPUTADOR

5.4.1. OS DADOS COMO ENTRADA

Os dados são fatos brutos não processados, destacam-se: nome, código, endereço, CPF, telefone entre outros. Esses dados são digitados na entrada do sistema de informação e são validados pelo mesmo, no que se refere ao tipo de entrada de dados. Por exemplo, o CPF é em formato numérico, não sendo aceito a digitação de pontos ou hífen. Isso fica, a critério do desenvolvedor do sistema em validar os tipos de variáveis constantes na entrada do sistema.

5.4.2. O PROCESSAMENTO COMO MANIPULAÇÃO DE DADOS

Representa a parte de extrema importância nos SI's. Nesse ambiente são criados todos os vínculos necessários de manipulação de variáveis, por exemplo, quando o usuário digita, CPF, código, nome e endereço, o sistema de informação, na fase de processamento, vincula o nome com o CPF, para que seja, gravado como registro de dados e posteriormente possa ser consultado. Essa manipulação de dados é de extrema importância, para que os dados sejam transformados em informação de forma correta e possam ser consultados posteriormente.

5.4.3. A INFORMAÇÃO COMO PRODUTO DO SI E A SAÍDA DO SISTEMA

Quando uma empresa idealiza adquirir um sistema de informação, isso não é realizado de forma aleatória. Geralmente, essa necessidade vem a partir de informações vindas de documentos, planilhas eletrônicas, textos, entre outros, e com o passar dos anos, a empresa percebe que não consegue controlar esse volume de informações. É nesse momento que, o sistema de informação surge, devido a uma necessidade da organização.

O sistema de informação é modelado e desenvolvido para um fim específico, usando a informação como o produto final do sistema de informação, caracterizado pela saída do sistema. Esse produto, chamado de informação, necessariamente precisa apoiar o processo de tomada de decisão.

5.4.5. O FEEDBACK COMO RETROALINHAMENTO DO SISTEMA DE INFORMAÇÃO

O *feedback* corresponde ao caminho que o sistema de informação deverá percorrer para que as falhas decorrentes da entrada, sejam corrigidas ou ocorra o retro alinhamento, para que essa correção ou ajuste seja executado internamente no sistema.

5.4.6. O BANCO DE DADOS COMO AMBIENTE DE ARMAZENAMENTO DAS INFORMAÇÕES

O banco de dados é um *software* que tem como objetivo realizar o armazenamento de dados em diferentes plataformas. No sistema de informação, o banco de dados tem sua fundamental importância no armazenamento de dados do sistema.

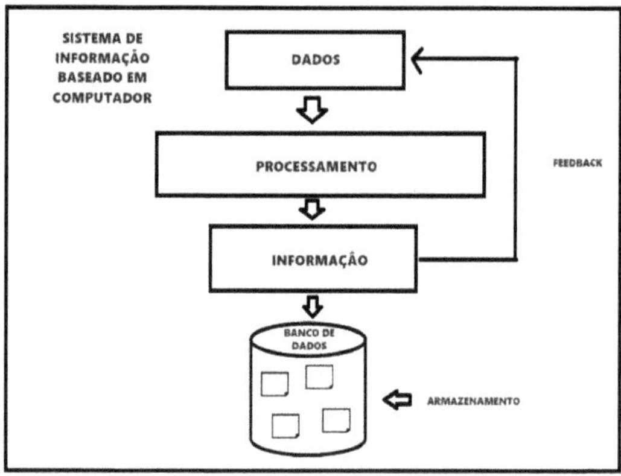

Figura 5.2. Sistema de informação com armazenamento de banco de dados. Fonte: autora.

5.5. Modelagem do processo de negócio para SI

5.5.1. Modelagem inicial do SI

A modelagem do processo de negócio é um fator importante para o gestor da informação, se torna necessário modelar de forma detalhada todos os processos e atividades executadas pelos departamentos. Nessa modelagem, faz necessário identificar, quais são os dados, processos, atividades, informações, tipos de relatórios que o gestor necessita, para que o sistema de informações consiga apresentar todas as necessidades que o gestor das informações solicita. Essas necessidades deverão ser repassadas aos desenvolvedores de sistemas de informação, para melhor atendimento, destacam-se:

➔ **Apresentação da empresa**: apresentar detalhadamente a empresa, descrevendo seus objetivos gerais, específicos, produtos, serviços, público alto. Para melhor entendimento da equipe técnica de TI e SI, a ser contratada para desenvolvimento do sistema de informações.

- ➔ **Organograma:** representa um ambiente que visualiza a hierarquia dos setores ou departamentos da empresa.
- ➔ **Processo de negócio:** representa o processo, pelo qual o sistema de informação será modelado, por exemplo, controlar estoque. A partir desse processo surgirão as atividades de negócio.
- ➔ **Atividades do processo:** representa o detalhamento daquela atividade de negócio a ser descrita e desenhada no formato de fluxograma, por exemplo, movimentação de material no estoque.
- ➔ **Fluxograma do processo e atividades:** elaborar um fluxograma, para melhor entendimento do departamento de TI e SI.

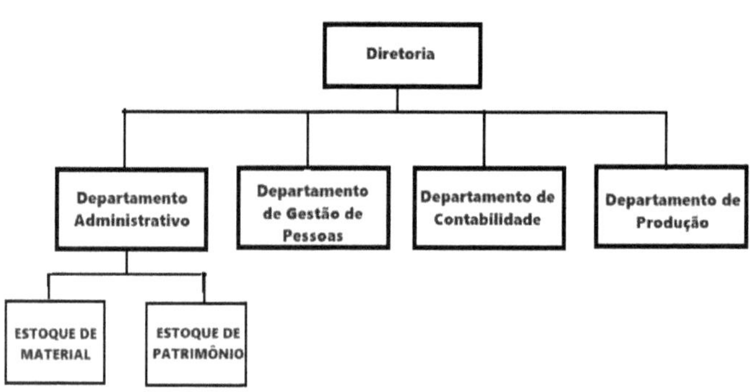

5.1. Organograma empresarial. Fonte: autora.

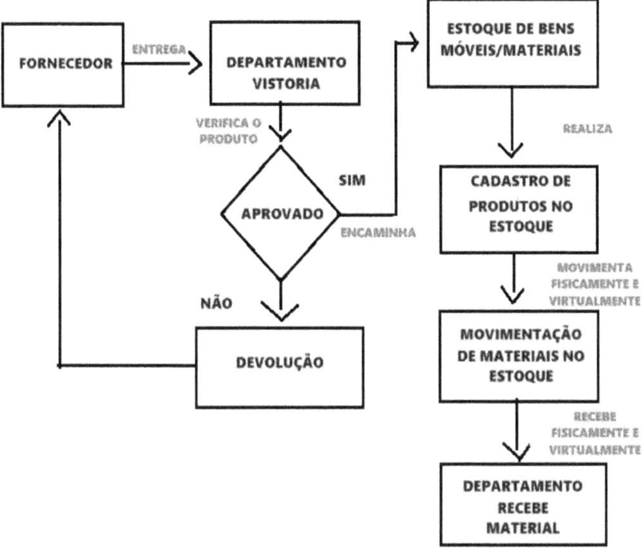

5.2. Fluxograma do processo x atividades. Fonte: autora.

5.5.2. Atividades versus Dados e Informações

Durante o processo de modelagem, o gestor da informação precisa apresentar um miniprojeto do tipo de dados e informações a serem projetados no sistema de informações em desenvolvimento, para uma melhor compreensão da equipe técnica de SI.

Atividades	Dados	Informações/ Relatórios
Vistoria do Produto	Nota Fiscal, Descrição, Data de Entrada, Valor, Produto Aprovado ou Não Aprovado, Setor de Destino.	- Relatório de produtos devolvidos ao fornecedor; - Relatório de produtos aprovados.
Devolução do Produto	Nota Fiscal, Tipo de Produto, Valor, Data de Entrada, Data da Devolução, Fornecedor, Motivação da Devolução.	- Relatório de Fornecedores com produtos devolvidos.
Cadastro de Produtos no Estoque	- Nota Fiscal, Código de Barras ou Série, Descrição do Produto, Data de Entrada no Estoque, Data da Movimentação do Produto, Peso, Unidade, Valor Unitário, Fornecedor.	- Relatório de Produtos Cadastrados no Estoque; - Relatório de Produtos Movimentados no Estoque; - Relatório de Produtos por Código e Série.

Tabela 5.1. Tabela de Atividades, Dados e Informações. Fonte: autora.

5.5.3.Considerações Finais

A modelagem de um sistema de informação, não é uma tarefa simples, a participação em conjunto da equipe técnica de desenvolvimento de SI e TI com a equipe especialista na área de gestão, faz com que o sistema de informação consiga atender as expectativas do gestor da informação no momento da implantação do SI.

REFERÊNCIAS

DAY, G.S. Maintaining the competitive edge: creating and sustaining advantages in dynamic competitive environments. In DAY. G.S; REIBSTEIN, D.J.(Ed.). Wharton on dynamic competitive strategy New York: John Wiley, 1997.

GRANT, R. M. Toward a knowledge-based theory of the firm. Strategic Management Journal, 17, p. 109-122, 1996.

NONAKA, I. TAKEUCHI. Criação de Conhecimento na Empresa: como as empresas japonesas geram a dinâmica da inovação. Rio de Janeiro, 1997.

PARENTE, R. N. C. Informática : curso técnico em segurança do trabalho. UFRN/SEDIS/e-tec. Disponível em https://docente.ifrn.edu.br/nonatocamelo/disciplinas/informatica-basica/aulas-ead-curso-tecnico-em-seguranca-do-trabalho/hardware-e-software. Último Acesso: 20/06/2020.

REZENDE, D. A., ABREU A. F. Tecnologia da Informação aplicada a sistemas de informação empresariais: o papel estratégico da informação e dos sistemas de informações nas empresas, 3ª edição, São Paulo, Atlas, 2003.

STEWART, A.T. Intellectual Capital: the new wealth of organization. Doubleday Currency. New York, 1997.

TURBAN, E. at all. Tecnologia da Informação para Gestão : transformando os negócios na economia digital, 3ª edição, Porto Alegre, Bookman, 2004.

www.ingramcontent.com/pod-product-compliance
Ingram Content Group UK Ltd.
Pitfield, Milton Keynes, MK11 3LW, UK
UKHW021939190726
13853UKWH00004B/1544